ACTES SUD JUNIOR
est dirigé par Madeleine Thoby-Le Duc

D0995652

MOTS
ET FANTAISIES
POUR LIRE
SANS SOUCI

Direction artistique de l'ouvrage:
Guillaume Berga

Maquette :
Thomas Gabison

© Actes Sud, 2003
ISBN 2-7427-4293-X

Les Grands Bonheurs

MONIQUE HION

MOTS
ET FANTAISIES
POUR LIRE
SANS SOUCI

Illustrations de
YVES CALARNOU

ACTES SUD JUNIOR

Pour Diane.

Le réveille-mâtin

Tous les matins,
Un coq crétin
Frappe à ma porte.

Toc! Toc! Quelle heure est-il,
Gros Toutou? me fait-il.

Il est, bougre d'idiot,
L'heure du cocorico.
Mais tu peux t'en passer,
Me voilà réveillé.

Cr

Fr

Gr

Gr

Comptons !

Un nœud
Trois cartes
Cinq scies
Sept huîtres
Neuf disques
Onze bouses…

Vue d'en haut

La table n'a pas de pieds,
Vue d'en haut.
La table n'a pas de pieds,
Affirme le plafonnier.

Il ne croit
Que ce qu'il voit
Et il se trompe, ma foi!

Des sauts magiques

En huit sauts, la sauterelle
A franchi un pot de sel,
Un seau de pelles,
Le Pô, deux selles,
Un sot, deux pelles,
Un pot de sceaux,
Un seau de peaux.

Où se pose-t-elle ?
Sur le sol de Pau.

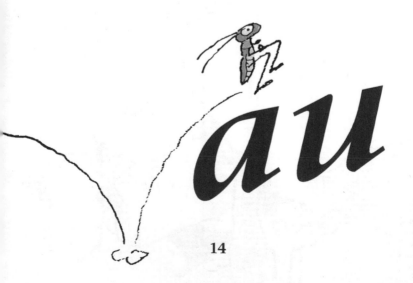

À table !

J'ai un p'tit creux,
Dit la cuiller,
Je rêve de
Soupe au gruyère,
De bon coulis,
De mousse aux fruits
Ah là là !
J'en meurs d'envie !

Moi j'ai la dent,
Dit la fourchette,
J'aimerais tant
De la blanquette,
Des champignons,
Des p'tits oignons,
Ou du gratin
Jusqu'à plus faim !

Là, je vous coupe,
Dit le couteau,
Moi, pour la soupe,
Je suis zéro.
Mais avec toi,
Chère fourchette,
Je vais partager
La blanquette.

Vols

On m'a volé
Mon vélo,
Mon vélo et mes volets,
Mon valet,
Mes veaux laids,
Mon lit, mes laies,
Ma lime et mon lait,
Et ma ligne emmêlée.

Si je dis ça
Aux policiers,
Ne vont-ils pas
Me rire au nez?

L'accident

Vespa
Verglas
Patatras !
Arnica
Sparadrap.

Les ballons

Le petit roi Mégalo
Habite un très grand château.

Un jour, pour son anniversaire,
Il fit accrocher des ballons,
D'énormes ballons rouges et verts
Aux barreaux de tous les balcons.

Le petit roi Mégalo
En fait toujours un peu trop.

Il en mit tant, devant, derrière,
Il en mit tant, des longs, des ronds,
Que son château quitta la terre,
Soulevé par mille ballons.

Le petit roi, perdu là-haut,
N'épate plus que les oiseaux.

Avec des baguettes

Chez la sorcière, les jours de fête,
On déjeune avec des baguettes.

Quand on saisit un cornichon,
Il se transforme en limaçon.

Lorsque l'on pince une olivette,
Elle devient chenille verte.

Et c'est ainsi que l'on peut voir
Le riz se changer en cafards,
Les spaghettis en serpents noirs
Et les salsifis en lézards.

Chez la sorcière, les invités
Mangent très peu, en vérité.

26

Une fée

Je presse une orange
Je range les coupes
Je coupe le pain
Je peins le buffet
Je fais un biscuit
Je cuis les sardines
Et enfin je dîne.

Sais-tu qui je suis ?
La fée du logis.

in
un
ein
ain

Un grand éternuement

Quand le géant
A éternué

Mon paravent
S'est renversé

Mon vieux toucan
S'est déplumé

Mon chat persan
S'est hérissé

Et moi, je me suis accroché
À un tapis qui s'envolait.

an

en

Plomb et plumes

Un colis
D'un kilo
De calots
Est-il plus petit
Ou plus gros
Qu'un colis
D'un kilo
De queues de calaos ?

Un incident

Quand le petit pâté partit
De la table pour le tapis,
Bien sûr le tapis en pâtit
Mais le petit pâté aussi.

Unions

Dans la tignasse
Du prince Ignace
(Inventeur de l'armoire à glace),
Vivait un pou
Qui s'ennuyait.

Dans le chignon
De la Suzon
(Jolie bergère un peu souillon),
Vivait un pou
Très esseulé.

Le prince épousa la bergère.
Les poux aussi se marièrent.

Tout le monde eut de beaux enfants
Et fut heureux, assurément !

Des boutons
bien masqués

S'il vous vient sur le front
Un troupeau de boutons,
Portez donc un loup,
Il mangera tout !

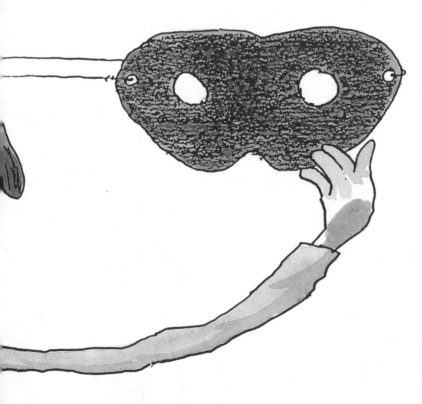

Une mise au point chez les voiles

Je suis bien sur mon mât
Au milieu du voilier,
Je suis bien sur mon mât,
Clamait un grand hunier.

Ce mât n'est pas qu'à toi!
Cria un perroquet.

Ce mât n'est pas qu'à toi!
Cria un cacatois.

Pas qu'à toi! Pas qu'à toi!
Fit l'autre perroquet.
Pas qu'à toi! Pas qu'à toi!
Fit l'autre cacatois...

Quelle cacophonie!

Question

La murène pond.
La baleine, non.
Et la sirène?...

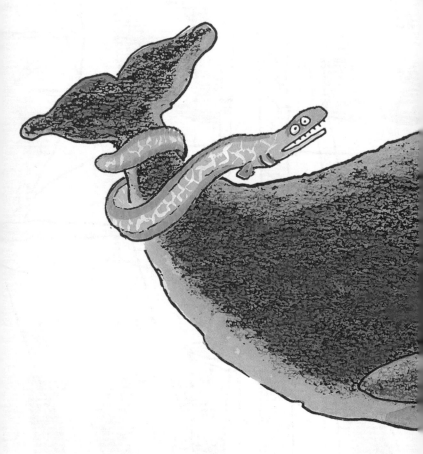

èn e   ei n e

41

Boulimie

Mon mari est boulimique,
Dit l'ogresse au médecin.
Il boit d'un trait la barrique
Quand il veut goûter du vin.

Pour son dessert, à l'ordinaire,
Quinze esquimaux faisaient l'affaire.
Maintenant, faut en rajouter
Car il n'est jamais rassasié.

Vous me direz, je le sens :
"C'est un ogre, évidemment !"
Mais voilà qu'il mange ses mots,
Voyez-vous, docteur, c'en est trop !

Sa vie n'est plus que charabia,
Il faut soigner ce glouton-là !

Des épis
dans les cheveux

Mes cheveux sont pleins d'épis.
Ces épis sont pleins de grains.
Les grains au soleil ont mûri,
Demain j'en ferai du pain.

Mais je garderai la paille
Sur ma tête d'épouvantail.

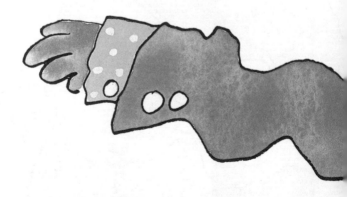

â â âₐ aï
à

Le rap de la carotte

La carotte,
Je la râpe.
Mais la râpe
Dérape.
Ça y est, j'ai râpé mon doigt.
Ça, c'est bien ma chance à moi !
Je suis bête,
Je m'entête
À vouloir de la carotte.
Alors, je reprends ma râpe.
Elle s'en va,
Je la rattrape.
Je la mets en quarantaine.
Adieu, béta-carotène !

Un étrange personnage

J'ai le ventre sur le dos,
Bien caché sous un chapeau.
J'ai la tête au bout du pied,
Je suis tout mou, tout mouillé.

Je glisse, je bave, je suis…?
Le petit escargot gris.

eau
au

Mer d'huile

Quand la mer est d'huile,
Le soleil brûlant,
Les poissons, pour sûr,
Craignent la friture.

Moitié papa,
moitié maman

Mad'moiselle Dromadaire
Aux confins du désert
Rencontra un chameau
Beau, beau, beau!

Ils se plurent,
S'épousèrent,
Devinrent père et mère
Mais, hélas, leur petit
N'eut qu'une bosse et demie.

ain un

De l'eau dans l'eau

Il pleut.
La mare s'étend,
L'étang se marre :
Tous deux, demain,
Ne feront qu'un.

Une question de taille

Où s'arrête mon cou ?
Où commence ma queue ?
Voilà la question,
Songe le python.

Le moustique

Il aurait pu piquer sa crise,
Piquer du nez,
Ou un cent mètres...

Non, il a fallu qu'il me vise
Les doigts de pieds
Et les gambettes !

C'était un moustique à Venise.
Il m'a piquée,
Vilaine bête !

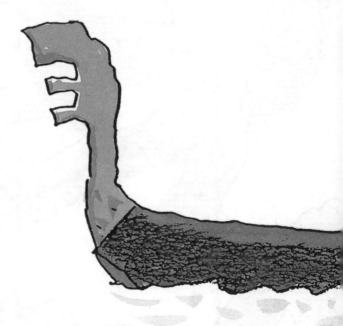

Histoire folle
et sans fin

Sapho avait un sofa
Fuchsia.

Quand Sophie
La fessue
S'y assit,
Le sofa
S'affaissa.

Sapho, effarée,
Vit le tout s'enfoncer :
Le sofa et Sophie
À travers son plancher
Qui, doucement, cédait.

Le sofa atterrit,
Fichu, sur un grand lit
Et Sophie, affolée,
Sur un divan violet
Qu'on entendit craquer…

61

Table

Conception graphique de la collection
Isabelle Gibert

Reproduit et achevé d'imprimer
en mars 2003
par l'imprimerie Fot à Pusignan
pour le compte des éditions
ACTES SUD
Le Méjan
Place Nina-Berberova
13200 Arles.

Dépôt légal
1re édition : avril 2003
N° impr.
(Imprimé en France)